Das
Wesen der menschlichen Verbände.

Das Wesen der menschlichen Verbände.

Rede,

bei Antritt des Rektorats

am 15. Oktober 1902

gehalten

Otto Gierke.

Leipzig,

Verlag von Duncker & Humblot.

1902.

Alle Rechte vorbehalten.

Hochansehnliche Versammlung!
Werte Amtsgenossen!
Liebe Kommilitonen!

Mit einer fachwissenschaftlichen Rede soll ich nach alter Sitte die Übernahme des mir anvertrauten Amtes feierlich bezeugen. Tritt eine Fachwissenschaft vor die Gesamtheit ihrer Schwestern, erwägend, was sie von ihnen empfangen hat und was sie ihnen zu gewähren vermag, so wird sie unwillkürlich den obersten Fragen zugedrängt, um deren Lösung sie ringt. Denn solche Fragen sind es vor allem, bei denen die Besinnung auf den Zusammenhang des Ganzen der Wissenschaft sich einstellt; bei denen offenbar wird, dafs die Grenzen der Einzelwissenschaften nur Binnengrenzen im unermefslichen Reiche der einen Wissenschaft sind; bei denen aber auch jeder Einzelwissenschaft die gemeinsamen Grenzen alles menschlichen Wissens zum Bewufstsein kommen, wenn sie an die ehernen Schranken stöfst, die unserer Erkenntnis den Zugang zu dem hinter der Erscheinungswelt verborgenen Reiche des wesenhaft und ewig Wahren unerbittlich verschliefsen.

So lade auch ich Sie heute zu der Betrachtung eines Grundproblems ein, das in der Rechtswissenschaft fragend sein Haupt erhebt, das aber in der Tiefe aller Geisteswissenschaft wurzelt und der Berührung mit der

Naturwissenschaft nicht entbehrt. Ich tue dies unter einem gewissen inneren Zwange, weil dieses Problem für meine wissenschaftliche Lebensarbeit Ausgangspunkt gewesen und Mittelpunkt geblieben ist. Es ist das Problem der menschlichen Verbandseinheiten: die Frage nach der Beschaffenheit der unter einander überaus ungleichartigen Gebilde, die wir dem Gattungsbegriff der gesellschaftlichen Körper unterstellen und denen wir hiermit ein gemeinsames Merkmal zuschreiben, das die erhabenen Erscheinungen des Staates und der Kirche mit der kleinsten Gemeinde und der losesten Genossenschaft teilen.

Die Rechtswissenschaft wird durch doppelten Anlafs gezwungen, sich mit dem Wesen der menschlichen Gemeinschaften zu beschäftigen. Einerseits ist das Recht ein Teil des Gemeinschaftslebens. Die Rechtswissenschaft kann daher schon von der Entstehung des Rechts nicht handeln, ohne auf die erzeugende Gemeinschaft zurückzugehen; sie mufs die sofort auftauchende Frage beantworten, ob nur der Staat oder in Form der autonomischen Satzung auch ein anderer Verband oder in Form des Gewohnheitsrechts auch eine unorganisierte Gemeinschaft Recht schafft; sie mufs weiter die Stellung der bei der Rechtserzeugung tätigen einzelnen zur Gemeinschaft ermitteln; sie mufs endlich das Verhältnis zwischen der inneren und der äufseren Seite und zwischen Vernunftaussage und Willensaktion bei dem Vorgange der Rechtserzeugung aufhellen. Sodann aber wird sie, wenn sie das Leben des Rechts verfolgt, auf Schritt und Tritt dahin gedrängt, seine Funktion im Gesamtleben der Gemeinschaft und deren Zusammenhänge mit den übrigen

Funktionen dieses Gesamtlebens zu untersuchen. Offenbar kann sie solche Aufgaben nicht lösen, ohne eine bestimmte Vorstellung vom Wesen menschlicher Gemeinschaft überhaupt zu Grunde zu legen. Doch bildet hierbei für sie der Gemeinschaftsbegriff nicht ein selbständiges Erkenntnisziel, sondern nur ein Mittel, um zur Einsicht in das Wesen des Rechts zu gelangen. Darum will ich heute diesen Weg nicht betreten. Vielmehr wende ich mich zu der anderen Stelle, an der für die Rechtswissenschaft das Gemeinschaftsproblem emporwächst. Sagte ich vorhin, das Recht sei ein Teil des Gemeinschaftslebens, so mufs ich nun hinzufügen, dafs die Ordnung des Gemeinschaftslebens ein Teil des Rechts ist. Die Rechtsordnung umfafst ja nicht nur die äufseren Beziehungen des Einzellebens, sondern sie regelt auch das Leben des Staates, der Kirche, der Gemeinden und der Genossenschaften. Und allen diesen Verbänden gegenüber begnügt sie sich nicht, wie den Individuen gegenüber, mit Normen für äufseres Verhalten. Nein! Sie beherrscht und durchdringt auch ihr Innenleben. Hier ist daher die Frage nach dem Wesen der Verbände für die Rechtswissenschaft nicht mehr Vorfrage, sondern Kernfrage. Denn um den Teil des Rechts, der sich als Lebensordnung von Verbänden gibt, zu verstehen und zu würdigen, mufs man zu erfahren suchen, was denn eigentlich das ist, was hier in das Recht hineintritt und von ihm seine Ordnung empfängt.

Bekanntlich behandelt unser positives Recht die organisierten Gemeinschaften, soweit es sie überhaupt als solche voll anerkennt, als einheitliche Wesenheiten, denen es Persönlichkeit zuschreibt. Sie werden als „juristische Personen" bezeichnet und sind so gut, wie die einzelnen Menschen, Subjekte von Rechten und Pflichten. Dies steht fest. Allein der Zweifel beginnt, wenn gefragt wird, welche Wirklichkeit diesem Rechtsphänomen zu Grunde liegt. Hier spalten sich die juristischen Theorien.

Eine lange Zeit so gut wie herrschende und heute noch von den grundsätzlichen Anhängern einer individualistischen Gesellschaftsauffassung festgehaltene Meinung geht dahin, dafs die juristische Person eine vom Recht für bestimmte Zwecke aufgestellte Fiktion sei. Eine erdichtete Einheit! Eine Schöpfung aus dem Nichts! Die Wirklichkeit, so sagt man, zeigt uns nur einzelne Menschen als in sich abgeschlossene subjektive Einheiten. Jeder Verband ist an sich nur eine Summe einzelner Menschen, die in besonderen Verhältnissen zu einander stehen. Man mag ihm in objektiver Hinsicht so viel Einheit zuschreiben, wie man will. Unter allen Umständen fehlt ihm in Wirklichkeit diejenige leiblich-geistige Einheit, vermöge deren das Individuum von Natur geeignet und berufen ist, Rechtssubjekt zu sein. Der einzelne Mensch empfängt Persönlichkeit, weil er ein frei wollendes Wesen ist; Verbände als solche können nicht wollen und nicht handeln. So die Wirklichkeit. Aber seltsam! Das Recht kann mit dieser Wirklichkeit nicht auskommen. Es braucht nun einmal einheitliche Träger der für Gemeininteressen konstituierten Inbegriffe von Befugnissen und Pflichten, zentrale Anknüpfungspunkte für die dem Machtbereiche der Individuen entzogenen Gemeinschaftsbereiche. So macht es von der Souveränetät im eignen Hause Gebrauch und bedient sich des stets bereiten Mittels der Fiktion, um sich die subjektiven Verbandseinheiten zu erschaffen, deren es bedarf. Die juristische Person ist eine fingierte Person! Ich will hier nicht auf alle Schattierungen dieser Vorstellungsweise eingehen. In ihrer schroffsten Gestalt erklärt die Fiktionstheorie das neue Rechtssubjekt für ein künstliches Individuum, das gleich einem beliebigen Dritten in vollkommener Isoliertheit neben die verbundenen natürlichen Individuen tritt, das indefs als blofses Begriffswesen ein schattenhaftes Dasein führt, in seiner Willens- und Handlungsunfähigkeit dem Kinde oder vielmehr dem unheilbar Wahnsinnigen gleicht und nur durch die von natürlichen Personen besorgte vormundschaftliche Vertretung eine erborgte Aktionsfähigkeit gewinnt. Von anderer Seite wird der Fiktion die poetische Farbe der Homunkulus-Schöpfung abgestreift. Sie soll nur bedeuten, dafs irgend ein Unpersönliches behandelt wird, als sei es Person. Oder sie soll nur bewirken, dafs eine Vielheit im Recht als Einheit gilt. Wie immer aber die Fiktion verschleiert oder abgeschwächt werden mag, so bleibt es doch dabei, dafs die Persönlichkeit der Verbände nur durch ein juristisches Kunststück zu stande kommt, kraft dessen sie für das Recht als etwas gelten, was sie in Wirklichkeit nicht sind.

 Begreiflicherweise mufste gegen eine derartige Vorstellungsweise der Geist nüchterner Kritik aufbäumen. So erscholl der Ruf: Fort mit der juristischen Person!

Was soll in der Rechtswelt, die doch eine Welt des Realen ist, dieses blutlose Gespenst, was neben den leibhaftigen Menschen diese als Mensch ausstaffierte Vogelscheuche? Geben wir der Wirklichkeit die Ehre! Aber was setzte man an die leergewordene Stelle? Man erfand das subjektlose Zweckvermögen. Allein damit verschob man nur die Fiktion. Denn da ein Recht ohne Subjekt ein Widerspruch ist, rückte eben der Zweck als fingiertes Subjekt ein. Also wagte man den letzten Schritt. Sind nur die einzelnen Menschen willensbegabte Einheiten, so können auch nur sie Subjekte von Rechten und Pflichten sein. Alles Gemeinschaftsrecht ist höchstens gemeinsames Recht vieler und alle Gemeinschaftsordnung nur ein vielverschlungenes Netz von Beziehungen zwischen Individuen. Aus dem Privatrecht konnte freilich auch die konsequent individualistische Lehre den Begriff der juristischen Person, da er hier gesetzlich festgelegt ist, nicht einfach streichen; doch beliefs sie ihm nur den Wert eines technischen Hilfsmittels, eines Sammelnamens, einer abkürzenden Formel. Für das öffentliche Recht war freie Bahn. Und so eröffneten vor allem im Staatsrecht einzelne Anhänger dieser Grundanschauung den Vernichtungskrieg gegen den Begriff der Staatspersönlichkeit, in dem das neuere Staatsrecht seinen Angelpunkt gefunden zu haben glaubte. In der Tat mufs ja gerade in seiner Anwendung auf das Subjekt der höchsten irdischen Gewalt die Vorstellung der persona ficta sich als besonders unerträglich erweisen. Einem erdichteten Begriffswesen soll in letzter Linie der Anspruch auf Blut und Gut leibhaftiger Menschen zustehen? Als Vormund einer nach

Art des Geisteskranken geschäftsunfähigen Person soll der König seines erhabenen Berufes walten? Im Namen eines Schattens soll das Reichsgericht Recht sprechen? Und doch! Gibt es keine wahren Personen aufser den Individuen, so kann auch der Staat als solcher, falls er Person ist, nur eine fingierte Person sein. Dann aber scheint der Sieg denen zu gebühren, die den Begriff der Staatspersönlichkeit überhaupt aus dem Staatsrecht verbannen. Der Staat ist ein Zustand, vielleicht auch ein Rechtsverhältnis, vielleicht auch ein Rechtsobjekt. Ein Rechtssubjekt ist er nicht. Subjekt der Staatsgewalt ist vielmehr allein der Herrscher, sei er nun ein einzelner Mensch oder sei er ein versammelter Inbegriff von Menschen Andere Subjekte sind zur Vertretung des Herrschers bestellt, im Verfassungsstaat sind auch bestimmte Subjekte zur bindenden Mitwirkung bei Ausübung der Staatsgewalt berufen. Den Untertanen sind feste Rechte gegenüber dem Herrscher zugesichert. Aber die Einheit der rechtlich geordneten Vielheit kommt ausschliefslich durch die Subjektstellung des Herrschers zu stande, hinter dem es ein anderes Subjekt nicht gibt.

Dies also wäre der Weisheit letzter Schlufs? Oder legt nicht vielmehr diese folgerichtige Durchführung der individualistischen Gesellschaftsauffassung gerade im Staatsrecht die Vermutung nahe, dafs das Fundament des ganzen Baues nicht tragfähig ist? Mir scheint in der Tat der Versuch einer Ausschaltung der Staatspersönlichkeit notwendig scheitern zu müssen. Denn sein Gelingen ist eine entwicklungsgeschichtliche Unmöglichkeit. Es würde eine Rückbildung des öffentlichen

Rechts und damit einen Rückschritt der Kultur bedeuten. Jugendliche Völker wissen freilich nichts von einem hinter Königen und Volksversammlungen verborgenen Staat, sie kennen nur sichtbare Herren und sichtbare Gesamtheiten. So bleibt auch heute die Staatsvorstellung des Kindes und manches Ungebildeten und vielleicht auch dieser oder jener sehr gebildeten Dame an dem Herrscher und seinen Dienern haften. Doch kehrt nur scheinbar die individualistische Staatskonstruktion zu solcher naiven Einfalt zurück. Denn die primitive Bewufstseinsstufe kennt so wenig, wie die gegenüber ihren Trägern verselbständigte Allgemeinheit, das aus der Gemeinschaft gelöste Individuum. Auch die Einzelpersönlichkeit ist noch unentdeckt. Noch fehlt überhaupt die Kraft der Abstraktion, um in der Rechtsstellung des Menschen das voneinander zu sondern, was sein Zentrum in seinem Einzeldasein hat und was auf ein Zentrum im Gemeinleben hinweist. Der Differenziierungsprozefs zwischen beiderlei Rechtskreisen bildet einen Hauptinhalt der fortschreitenden Rechtsgeschichte. In ihm ist, wie der Begriff der Einzelpersönlichkeit, so der Begriff der Verbandspersönlichkeit geboren und langsam seiner Vollendung entgegengereift. Nur unter unsäglichen Mühen und nicht ohne häufige Rückschläge setzte sich freilich gerade auf dem Gipfelpunkte der Gedanke der selbständigen Persönlichkeit des organisierten Ganzen durch. Immer wieder drohte die Staatspersönlichkeit entweder in einem souveränen Herrscher oder in einer souveränen Volksgesamtheit zu verschwinden. Die Vorkämpfer des Absolutismus lehrten, was Ludwig XIV. in die kurze Formel brachte: „L'état c'est moi". Die Apostel der Volkssouveränetät neigten dazu, den Staat in die Summe der Bürger zu verlegen. Allein zuletzt ging stets aus dem Ringen der Gedanke, dafs das wahre Subjekt der Souveränetät der unsterbliche Staat selbst sei, stärker und reiner hervor. Er erfüllte die Seele des grofsen Friedrich, als er, der absolute Monarch, das unvergefsliche Wort sprach, er sei der erste Diener des Staates. Er wurde der Leitstern der Jurisprudenz, als sie das moderne Staatsrecht mit allen seinen Folgerungen aus der dauernden, unteilbaren, im Wechsel der Geschlechter und sogar der Verfassungen sich selbst gleichen Einheit des Staats schuf. Er entfaltete vollends seine gestaltende Kraft, als im Verfassungs- und Rechtsstaate des neunzehnten Jahrhunderts volksmäfsige Organe zu geordneter Mitwirkung bei der Ausübung der Staatsgewalt berufen wurden. Alle unsere öffentlichen Institutionen durchdringend und tief in das allgemeine Bewufstsein eingesenkt, bildet er heute ein wesentliches Stück unserer Kultur, das uns keine logische Deduktion wieder entreifsen wird.

Die Verbandspersonen also wollen nicht weichen. Wir müfsten sie dulden, selbst wenn sie Trugbilder wären. Aber deutet nicht vielleicht ihre zähe Widerstandskraft darauf hin, dafs sie keineswegs gespenstische Schatten, sondern lebendige Wesen sind? Dafs das Recht, indem es die organisierten Gemeinschaften als Personen behandelt, durchaus nicht in einen Widerspruch zur Wirklichkeit tritt, sondern der Wirklichkeit adäquaten Ausdruck verleiht? Sind vielleicht die menschlichen Verbände reale Einheiten, die mit der Anerkennung ihrer

Persönlichkeit durch das Recht nur das empfangen, was ihrer wirklichen Beschaffenheit entspricht? Mit vielen antworte ich: Ja! Und mir scheint, dafs jeder so antworten mufs, der mit der individualistischen Gesellschaftsauffassung gebrochen hat und das menschliche Gemeinleben als ein Leben höherer Ordnung betrachtet, dem sich das Einzelleben eingliedert.

Seit es eine Wissenschaft von Staat und Recht gibt, kämpft mit der Auffassung, für die alle Gemeinschaft nur ein Aggregat von Individuen ist, eine andere Auffassung, die in den gesellschaftlichen Körpern selbständige Ganze mit eigener Wesenheit erblickt. In der antiken Philosophie behauptete sie den Vorrang. Die Gesellschaftslehre des christlichen Mittelalters war von ihr durchtränkt. Sie starb nicht aus, wurde aber stark zurückgedrängt, seitdem die naturrechtliche Gesellschaftslehre mit ihrer Ableitung aller Verbandsexistenz aus den sich vereinigenden Individuen triumphierte. Mit verjüngter Kraft erstand sie neu in dem grofsen Umschwunge, den das Denken über Staat und Recht seit der Wende des 18. Jahrhunderts erfuhr. Man mag den Übergang, den Fichte in seiner Soziallehre vom reinen naturrechtlichen Individualismus zu der Ansicht von der Wirklichkeit und dem Eigenwert der Gemeinschaft vollzog, in seinen verschiedenen Stadien verfolgen, um die Tiefe der Bewegung zu messen. Seitdem hat die wissenschaftliche Überzeugung von der Wesenhaftigkeit der Gemeinschaften sich stetig ausgebreitet. In der philosophischen Besinnung auf das Ganze von Hegel bis Wundt, in den Lehren der historischen Rechtsschule, in den jungen Wissenschaften der Kulturgeschichte, der Völkerpsychologie und der zusammenfassenden Soziologie brach sie sich Bahn. Der Sieg des Entwicklungsgedankens in den Naturwissenschaften wirkte befestigend auf sie zurück. Freilich ist nicht nur das Heerlager der Gegner nicht entwaffnet, sondern auch in den Reihen der Vorkämpfer der sozialen Auffassung von Einigkeit wenig zu spüren. Überaus ungleichartig waren und sind die bald durch metaphysische Spekulation erflogenen, bald mit mehr oder weniger Phantasie aus Beobachtungen kombinierten Vorstellungen von der Beschaffenheit der überindividuellen Einheiten. Wurden sie doch einerseits in dem Mafse spiritualisiert, dafs lange die Realität der konkreten Gesamtheiten (universitates) mit der nach Platos Ideenlehre geformten Realität der abstrakten Gattungsbegriffe (universalia) zusammengeworfen und deshalb in den Sturz des Realismus durch den Nominalismus verwickelt werden konnte, — andererseits so stark materialisiert, dafs die Behandlung der gesellschaftlichen Körper als reiner Naturkörper nach Art eines aus vielen einzelnen Polypen bestehenden Korallenstocks möglich wurde. Immerhin aber bleibt es bemerkenswert, dafs von so entgegengesetzten Standpunkten aus irgendwelche Wirklichkeit der Verbandseinheiten erblickt wird. Dies schliefst die Möglichkeit einer Täuschung nicht aus. Allein es ermutigt, zunächst einmal hypothetisch auch in das Problem der rechtlichen Verbandspersönlichkeit die reale Verbandseinheit einzuführen.

Nehmen wir also an, die rechtlich geordnete Gemeinschaft sei ein Ganzes, dem eine reale Einheit innewohnt, und suchen wir nun vom Rechte her zu ermitteln, wie dieses Ganze beschaffen sein muss, wenn sich im Recht die Wirklichkeit spiegeln soll. Das Recht schreibt dem Verbande Persönlichkeit zu. Somit mufs er gleich dem Individuum eine leiblich-geistige Lebenseinheit sein, die wollen und das Gewollte in Tat umsetzen kann. Das Recht aber ordnet und durchdringt zugleich den inneren Bau und das innere Leben des Verbandes. Somit mufs er im Gegensatz zum Individuum ein Lebewesen sein, bei dem das Verhältnis der Einheit des Ganzen zur Vielheit der Teile der Regelung durch äufsere Normen für menschliche Willen zugänglich ist.

Dies sind die Grundgedanken, aus denen die sogenannte organische Theorie entsprungen ist. Sie zieht sich durch die Staatslehre des Altertums und die Gesellschaftslehre des Mittelalters, sie begleitete alle Versuche einer Überwindung des atomistisch-mechanischen Schlufsergebnisses innerhalb der naturrechtlichen Gedankenwelt, sie hat aber erst im 19. Jahrhundert unter den Impulsen der neuen Ideen über menschliches Gemeinleben eine wissenschaftliche Durchbildung erfahren.

Die organische Theorie betrachtet den Staat und die anderen Verbände als soziale Organismen. Sie behauptet also das Dasein von Gesamtorganismen, deren Teile die Menschen sind, über den Einzelorganismen. Damit subsumiert sie zunächst nur Erscheinungen, an denen sie gemeinsame Merkmale entdeckt, unter einen Gattungsbegriff. Da aber der Begriff des Organismus ursprünglich von den einzelnen Lebewesen abstrahiert ist, sieht die Theorie sich genötigt, den gesellschaftlichen Organismus mit dem Einzelorganismus zu vergleichen. Dieser Vergleich ist uralt und hat sich unabhängig von der Reflexion von je dem menschlichen Bewufstsein aufgedrängt. Er hat unvertilgbare Spuren in unserem Sprachgebrauch hinterlassen und liegt selbst technischen Rechtsausdrücken zu Grunde. Wir sprechen von einem gesellschaftlichen Körper oder einer Körperschaft, von dem Haupte und den Gliedern eines Verbandes, von seiner Organisation, seinen Organen und deren Funktionen, von Einverleibung oder Eingliederung u. s. w. Eine Ähnlichkeit mufs also vorhanden sein. Dafür spricht auch, dafs die moderne Naturwissenschaft es liebt, in umgekehrter Richtung, wenn sie den Einzelorganismus verständlich machen will, den Vergleich mit dem Staate heranzuziehen. Ich erinnere daran, dafs Kollege Hertwig, als er an dieser Stelle am 27. Januar 1899 seine Rede über die Lehre vom Organismus und ihre Beziehung zur Sozialwissenschaft hielt, ausdrücklich mit dem Bekenntnis begann, dafs es dem Biologen nahe liege, in dem Staat die höchste Art von Organismus zu erblicken, und mit einer eindringlichen Parallele zwischen natürlichen und sozialen Lebensvorgängen beschlofs.

Ein Vergleich aber bleibt immer ein blofses Hilfsmittel der Erkenntnis. Er kann verdeutlichen, aber nicht erklären. Wird er benutzt, um aus der Übereinstimmung einzelner Merkmale Schlüsse auf eine anderweit nicht erkennbare Übereinstimmung der verglichenen Dinge in sonstigen Eigenschaften zu ziehen, so wird er zur Fehlerquelle. Die organische Theorie hat sich von derartigen Ausschreitungen nicht freigehalten. Zu ihnen gehört die anthropomorphische Staatskonstruktion, die seit Platos Versuch, den Staat als Menschen im grofsen zu erfassen und aus dem Verhältnis der Seelenkräfte (oder Seelenteile) die Dreiständeordnung seines Idealstaats zu begründen, in mancherlei Spielarten ausgebildet worden ist. Da glaubt man dann wohl auch die einzelnen menschlichen Gliedmafsen im Staatskörper wiederzuerkennen, wobei etwa der Minister des Auswärtigen zur Nase wird. Oder man schreibt dem Staate männliches, der Kirche weibliches Geschlecht zu und spricht von ihrer nicht immer friedlichen Ehe. Aus einer anderen Gedankenwelt stammt die theologisch-juristische Vorstellung der Kirche als des mystischen Leibes Christi. Sie geht auf die tiefsinnigen Schriftworte zurück, in denen der Apostel Paulus die in Christus geeinte Menschheit als einen vom Geiste Gottes durchwalteten einigen Leib darstellt; einen Leib mit vielen Gliedern, deren jedes an seiner Stelle in besonderer Weise dem Ganzen dient und deren geringstes für das Ganze wertvoll ist; also dafs alle Glieder einander bedürfen und so ein Glied leidet, alle mit leiden, und so ein Glied herrlich gehalten wird, alle sich mit freuen. Indem aber diese Allegorie auf den äufseren kirchlichen Organismus gedeutet und gemäfs der Verbindung, in die sie schon der Apostel mit der im Abendmahl gestifteten Gemeinschaft des Blutes und des Leibes Christi setzt, im Sinne einer ausschliefslichen Vermittlung des Zusammenhanges der Glieder mit dem Haupte durch das von der Kirche verwaltete Mysterium ausgelegt wurde, empfing der Begriff des Corpus mysticum eine juristische Prägung, kraft deren auch die irdische Rechtssubjektivität der Kirche und ihrer Teile als eine eingestiftete Einheit überirdischer Herkunft erschien. Auch für den Staat hat es nicht an Theorien gefehlt, die seine Eigenschaft als Organismus auf eine transzendente Beseelung zurückführten. In neuerer Zeit hat umgekehrt die organische Soziallehre vielfach eine einseitig naturwissenschaftliche Richtung eingeschlagen. Man liefs sich durch die Analogie mit den natürlichen Körpern dazu verführen, auch die gesellschaftlichen Körper als reine Naturerzeugnisse zu behandeln, sprach von ihrer Anatomie und ihrer Physiologie und suchte mit naturwissenschaftlichen Methoden ihrem Wesen auf die Spur zu kommen. Da alles gesellschaftliche Leben eine Naturgrundlage hat, konnte man auf diesem Wege bis zu einem gewissen Punkte erfolgreich vordringen. Aber man überschritt die Grenze einer zulässigen Verwertung des Vergleichs, wenn man die auf der Naturgrundlage sich erhebende geistig-sittliche Gemeinschaft in den Rahmen einer sozialen Naturlehre einspannte und für Organismen, deren Glieder frei wollende Menschen sind, den tierischen oder pflanzlichen Zellenstaat zum Vorbilde nahm.

Die Kritiker der organischen Theorie halten sich begreiflicherweise vor allem an ihre Ausschreitungen. Sie sind im Recht, wenn sie diese bekämpfen. Aber sie sind im Unrecht, wenn sie darin unausbleibliche Konsequenzen des Vergleichs von natürlichen und sozialen Organismen erblicken. Richtig verstanden sagt der Vergleich nichts weiter aus, als dafs wir in dem gesellschaftlichen Körper eine Lebenseinheit eines aus Teilen bestehenden Ganzen erkennen, wie wir sie aufserdem nur bei den natürlichen Lebewesen wahrnehmen. Wir vergessen nicht, dafs die innere Struktur eines Ganzen, dessen Teile Menschen sind, von einer Beschaffenheit sein mufs, für die das Naturganze kein Vorbild bietet; dafs hier ein geistiger Zusammenhang stattfindet, der durch psychisch motiviertes Handeln hergestellt und gestaltet, betätigt und gelöst wird; dafs hier das Reich der Naturwissenschaft endet und das Reich der Geisteswissenschaft beginnt. Allein wir betrachten das soziale Ganze gleich dem Einzelorganismus als ein Lebendiges und ordnen die Gemeinwesen zusammen mit den Einzelwesen dem Gattungsbegriff des Lebewesens unter. Was darüber hinaus an Bildlichem mitunterläuft, entspringt teils dem Bedürfnis der Anschaulichkeit, teils dem sprachlichen Notstande. Alle gedanklichen Fortschritte haben sich mit Hilfe von Bildlichkeit vollzogen. Auch unsere abstraktesten Begriffe sind aus Bildern geboren. Wir dürfen auch in der Wissenschaft uns des Bildes bedienen, wenn wir uns nur dessen bewufst bleiben und nicht das Bild für die Sache nehmen. Soweit aber zur Bezeichnung der Sache selbst uns nur Ausdrücke zu Gebote stehen, deren bildliche Prägung noch nicht abgeschliffen ist, müssen wir uns bemühen, den begrifflichen Gehalt von der bildlichen Beimischung zu sondern.

Indessen wird der organischen Theorie auch insoweit, als sie diese Linien inne hält, von ihren Gegnern eine Überschreitung der Grenzen der Wissenschaft vorgeworfen. Die Annahme von Lebenseinheiten jenseits der Lebenseinheit des Individuums sei Mystizismus. Unsere sinnliche Wahrnehmung zeige uns nur einzelne Menschen.

Wer den unsichtbaren Verbänden ein selbständiges Leben zuschreibe, trage in die sichtbare Wirklichkeit ein übersinnliches Element hinein.

Diese Argumentation ist, so häufig sie begegnet, bei aller ihrer Seichtigkeit durch und durch unklar. Es ist zunächst unrichtig, dass die sinnliche Wahrnehmung uns nichts über das Dasein von Verbänden sagen soll. Auch das Verbandsleben spielt sich in körperlichen Ganzen ab, die in die äufsere Erscheinung treten. Wir sehen ein Regiment mit klingendem Spiel marschieren; wir erblicken Wähler, die den Stimmzettel in die Urne werfen; wir werden bei einem öffentlichen Aufzuge vom Schutzmann unsanft zurückgedrängt, — und wir wissen bei diesen und hundert anderen Sinneseindrücken sofort, dafs es sich um Vorgänge handelt, die dem Zusammenhange des Staatslebens angehören. Freilich sehen wir immer nur einzelne Stücke des Staatskörpers. Während wir das Körperbild des einzelnen Menschen als Ganzes in uns aufnehmen, vermögen wir das Körperliche des Staats nicht als Ganzes zu erschauen. Darum kann die Kunst den Staat nicht gleich dem einzelnen Menschen leibhaft darstellen; sie greift zum Symbol und führt uns eine erhabene Frauengestalt als Germania oder Borussia vor. Indessen kann hieraus ein Einwand gegen die Wirklichkeit der gesellschaftlichen Körper nicht hergeleitet werden. Denn die Unzulänglichkeit der Sinne für den Totaleindruck beweist nichts gegen die äufsere Gegenständlichkeit. Wir bezweifeln ja auch nicht, dafs die Erde ein kugelförmiger Körper ist, obschon wir nur winzige Stücke davon unmittelbar wahrnehmen. Dagegen eins ist unbestreitbar richtig: so viel oder so wenig von den Verbänden wir sehen mögen, ihre Lebenseinheit sehen wir nicht! Was uns die Sinne zutragen, sind immer nur Körperbewegungen. Deuten wir diese als Wirkungen einer Lebenseinheit, so schliefsen wir aus dem Sichtbaren auf ein Unsichtbares. Und legen wir irgend einem Verbande Persönlichkeit bei, so verknüpfen wir die Eigenschaft, ein konstantes Subjekt zu sein, mit dieser unsichtbaren Einheit. Nur liegt die Sache beim einzelnen Menschen nicht anders. Auch seine Lebenseinheit entzieht sich schlechthin der sinnlichen Wahrnehmung. Und auch seine Persönlichkeit ist ein dieser unsichtbaren und nur aus ihren Wirkungen erschlossenen Einheit beigelegtes Attribut. Es ist ein grober Irrtum, dafs man die Einzelpersönlichkeit mit dem leiblichen Auge erschauen könne. Die Persönlichkeit des Menschen bleibt dieselbe, wenn sein sichtbarer Körper sich verändert; sie erleidet keinerlei Teilung oder Einbufse, wenn ein leibliches Glied abgetrennt wird. Am wenigsten reichen die Sinne aus, um zu erkennen, inwieweit der Mensch als Individuum in sich beschlossen und inwieweit er vielmehr als Glied oder Organ einem sozialen Ganzen eingefügt ist. Wo immer wir die Vorstellung einer im lebendigen Wesen wirkenden, von der Summe der Teile verschiedenen Einheit handhaben, bewegen wir uns in einer unsichtbaren Welt. Aber verlassen wir damit den Boden der Wirklichkeit? Deckt sich das Wirkliche mit dem sinnlich Wahrnehmbaren? Wer dies behauptet, hat die Schwelle der wissenschaftlichen Selbstbesinnung noch nicht überschritten.

Gegen die organische Theorie wird endlich der Einwand erhoben, daſs sie das, was sie zu erklären suche, durch Einführung eines Unerklärten mehr verdunkele als durchleuchte. Denn das Wesen des Organismus selbst sei ein ungelöstes Rätsel. Die Naturwissenschaft habe sich bisher vergeblich bemüht, das Wesen des natürlichen Organismus zu ergründen. So sei für die Gesellschaftswissenschaft wenig oder nichts damit gewonnen, wenn sie dieses unbekannte Etwas bei sich einbürgere.

Auch dieser Einwand ist hinfällig. Das, was wir als wirklich erkennen, müssen wir in unsere denkende Weltbetrachtung einsetzen, wenn auch sein eigentliches Wesen unerklärt und vielleicht unerklärbar ist. Das Rätsel des Organismus deckt sich mit dem Rätsel des Lebens. Wir wissen nicht, was eigentlich das Leben ist. Aber wir können darum nicht den Begriff des Lebens aus der Wissenschaft ausschalten. Denn wir wissen, daſs Leben ist. Auch können wir das Phänomen des Lebens beschreiben und begrenzen. So bilden wir einen Begriff des Lebens, mit dem wir in den Naturwissenschaften wie in den Geisteswissenschaften operieren. Überall aber, wo wir Leben setzen, finden wir einen Träger des Lebens, der eigentümliche Merkmale aufweist. Wir bemerken, daſs er ein geordnetes, Teile aufnehmendes und ausscheidendes und durch zweckmäſsiges Zusammenwirken der jeweiligen Teile sich erhaltendes Ganze ist, dessen im Wechsel der Teile konstante und in der Arbeitsleistung der Teile wirkende Einheit nicht mit der Summe der Teile zusammenfällt. Das eigentliche Wesen dieser Einheit in der Vielheit ist uns verborgen. Aber darum können wir die Subjekte der Lebensvorgänge nicht aus der Wissenschaft streichen. Denn ihr Dasein ist gewifs. Auch sind wir wieder imstande, die spezifischen Eigenschaften der Lebensträger festzustellen und zu beschreiben. So bilden wir einen Begriff des Lebensträgers und gebrauchen dafür die auf die eigenartige Struktur der belebten Ganzen hinweisende Bezeichnung „Organismus". Dieser Begriff ist genau so gut wissenschaftlich verwendbar wie jeder andere Begriff, der durch richtige Abstraktion von erkannten Tatbeständen gewonnen ist und somit einen Wirklichkeitsinhalt zutreffend ausdrückt. Von der Erklärbarkeit der zu Grunde liegenden Wirklichkeit hängt seine Legitimität nicht ab. Wir sind daher berechtigt und verpflichtet, ihn auf die sozialen Ganzen anzuwenden, falls wir in ihnen einheitliche Lebensträger erkennen.

Aber wie steht es mit solcher Erkenntnis? Kann die organische Theorie nicht nur die Einwände der Gegner widerlegen, sondern den positiven Beweis für ihre wissenschaftliche Berechtigung erbringen? Kann sie also dartun, dafs in der Tat soziale Lebenseinheiten existieren?

Ein unmittelbarer Beweis für das Dasein von sozialen Lebenseinheiten läfst sich nicht führen. Ist doch auch die individuelle Lebenseinheit nicht unmittelbar erweislich. Wohl aber vermögen wir mittelbar das Dasein solcher Einheiten aus ihren Wirkungen zu erschliefsen. Die Überzeugungskraft einer derartigen Beweisführung wird freilich nicht für jedermann die gleiche sein. Hier spielt die Weltanschauung mit. Allein zuletzt sind auch die scheinbar solidesten Fundamente des wissenschaftlichen Verständnisses nur gut begründete Hypothesen.

Es ist zunächst die äußere Erfahrung, die uns zu der Annahme wirkender Verbandseinheiten bewegt. Die Beobachtung der gesellschaftlichen Vorgänge, inmitten deren unser Leben verfließt, vor allem aber die Vertiefung in die Geschichte der Menschheit zeigt uns, daß Völker und andere Gemeinschaften handelnd die Welt der Machtverhältnisse gestalten und die materielle und geistige Kultur hervorbringen. Dies alles spielt sich, da die Gemeinschaften aus Individuen bestehen, in und durch Individuen ab. Allein die Individuen werden insoweit, als ihre Leistungen dem gesellschaftlichen Zusammenhange angehören, durch leibliche und seelische Einwirkungen bestimmt, die aus ihrer Verbundenheit herrühren. Wohl bemerken wir, daß einzelne überragende Individuen schöpferisch eingreifen und durch ein Eigenstes, was nur ihnen entstammt, die Gesellschaft umgestalten. Allein dieser Erfolg tritt nur ein, wenn die Gemeinschaft mindestens rezeptiv mitwirkt, indem sie das ihr eingestiftete Individuelle sich zu eigen macht. Man kann sehr verschiedener Meinung darüber sein, inwieweit bei den *großen Wandlungen des Gemeinlebens die aktive Kraft* von den Gesamtheiten oder von einzelnen ausgeht. Mag man aber einseitigem Heroenkultus huldigen oder in einseitig kollektivistischer Geschichtsbetrachtung schwelgen, so kann man doch niemals übersehen, daß eine stete Wechselwirkung zwischen beiden Faktoren stattfindet. Jedenfalls also ist die Gemeinschaft ein wirkendes Etwas. Nun sind aber die Wirkungen, die wir der Gemeinschaft zuschreiben müssen, so beschaffen, daſs sie sich aus blofser Summierung individueller Kräfte nicht erklären lassen. Denn sie können nicht etwa von einem isolierten Menschen teilweise hervorgebracht werden, so daſs die Gesamtleistung eine den Teilleistungen gleichartige und nur quantitativ gesteigerte Gröſse wäre, sondern sie sind spezifischer Art. Machtorganisation, Recht, Sitte, Volkswirtschaft, Sprache sind Phänomene, bei denen dies sofort in die Augen fällt. Somit kann auch die wirkende Gemeinschaft nicht mit der Summe der sie bildenden Individuen zusammenfallen, muſs vielmehr ein Ganzes mit überindividueller Lebenseinheit sein. Wir bleiben daher durchaus im Rahmen der äuſseren Erfahrung, wenn wir aus den kulturgeschichtlichen Tatsachen das Dasein realer Verbandseinheiten folgern. Und wir sind berechtigt, den mittels Heraushebung des gefundenen Wirklichkeitsinhaltes abstrahierten Begriff einer solchen Einheit als einen wissenschaftlichen Grundbegriff im ganzen Bereiche der Gesellschaftswissenschaften zu verwenden.

Was aber so die äuſsere Erfahrung lehrt, wird durch die innere Erfahrung bestätigt. Denn wir finden die Realität der Gemeinschaft auch in unserem Bewuſstsein. Die Eingliederung unseres Ich in ein gesellschaftliches Sein höherer Ordnung ist für uns inneres Erlebnis. Wir empfinden uns als ein in sich beschlossenes Selbst, aber wir empfinden uns auch als Teil eines in uns wirkenden lebendigen Ganzen. Wollten wir unsere Zugehörigkeit zu einem bestimmten Volk und Staat, einer Religionsgemeinschaft und Kirche, einer Berufsgemeinschaft, einer Familie und mancherlei Vereinen und Genossenschaften wegdenken, so würden wir in dem ärmlichen Rest uns selbst nicht wiedererkennen. Besinnen wir uns aber auf dieses alles, so wird uns klar, dafs es sich nicht blofs um äufsere Ketten und Bande handelt, die uns umschlingen, sondern um psychische Zusammenhänge, die in unser Innerstes hineinreichen und integrierende Bestandteile unseres geistigen Wesens bilden. Wir spüren, dafs ein Teil der Impulse, die unser Handeln bestimmen, von den uns durchdringenden Gemeinschaften ausgeht. Wir werden uns bewufst, dafs wir Gemeinschaftsleben mitleben. Schöpfen wir daher aus unserer inneren Erfahrung die Gewifsheit der Realität unseres Ich, so erstreckt sich diese Gewifsheit nicht nur darauf, dafs wir individuelle Lebenseinheiten bilden, sondern zugleich darauf, dafs wir Teileinheiten höherer Lebenseinheiten sind. Die höheren Lebenseinheiten selbst freilich können wir in unserem Bewufstsein nicht finden. Denn da wir nur Teile des Ganzen sind, kann das Ganze nicht in uns sein. Unmittelbar also können wir aus der inneren Er fahrung nur das Vorhandensein, dagegen nichts über die Beschaffenheit von Verbandseinheiten entnehmen. Mittelbar jedoch können wir aus den Gemeinschaftswirkungen in uns schliefsen, dafs die sozialen Ganzen leiblich-geistige-Natur sind. Denn diese Wirkungen bestehen in leiblich vermittelten psychischen Vorgängen. Darum sprechen wir nicht nur von den gesellschaftlichen Körpern und ihren Gliedern, sondern auch von Volksseele, Volksempfindung, Volksüberzeugung und Volkswillen, von Standesgeist, Korpsgeist und Familiengeist u. s. w. Wir bezeichnen damit sehr lebendige psychische Mächte, deren

Realität wir nicht am wenigsten dann empfinden, wenn wir, von unserer Individualität Gebrauch machend, uns gegen sie auflehnen. Alltäglich mag uns aufmerkende Selbstbeobachtung von dem Dasein dieser Geistesmächte überzeugen. Aber es gibt Stunden, in denen sich uns der Gemeinschaftsgeist mit elementarer Kraft in fast sinnenfälliger Gestalt offenbart und unser Inneres so erfüllt und überwältigt, dafs wir unser Einzeldasein kaum noch als solches empfinden. Eine geweihte Stunde solcher Art durchlebte ich hier in Berlin unter den Linden am 15. Juli des Jahres 1870.

So scheint mir die wissenschaftliche Berechtigung der Annahme einer realen leiblich-geistigen Einheit der menschlichen Verbände festzustehen. Darüber hinaus trägt wissenschaftliche Erkenntnis nicht. Das Geheimnis des eigentlichen Wesens dieser Lebenseinheiten bleibt unentschleiert. Hier mag die Phantasie schalten oder der Glaube einsetzen. Das metaphysische Bedürfnis eines einheitlichen Weltbildes wird nicht aussterben und immer wieder aus der Mischung von Wissen und Glauben geborene Versuche hervortreiben, das Welträtsel zu lösen. Die Einzelwissenschaften dürfen die Spekulation über das Transzendente nicht einmischen. Ihre Aufgabe ist, mit den ihrer Eigenart entsprechenden Methoden den ursächlichen Zusammenhang der Erscheinungen auf ihrem Gebiet zu untersuchen und bis zu den letzten erkennbaren Wirkungsfaktoren zu verfolgen. Darum wird auch der Begriff der sozialen Lebenseinheit in den einzelnen Wissenschaften, die dem grofsen Ganzen der Kultur- oder Gesellschaftswissenschaft angehören, eine ungleiche Rolle spielen. Jede von ihnen wird ihn insoweit, als die von ihr behandelten Erscheinungen auf wirkende Gemeinschaftskräfte zurückweisen, zu verwenden und nach Maſsgabe der in ihrer besonderen Aufgabe gegründeten Bedürfnisse zu entfalten haben. Für das rechtswissenschaftliche Problem, von dem ich ausging und zu dem ich nun zurückkehre, kommen nur solche Gemeinschaften in Betracht, deren Einheit in einer rechtlichen Organisation ausgeprägt ist. Denn nur sie sind berufen oder doch befähigt, als Personen in das Recht zu treten. Zahlreiche Gemeinschaften von sehr energischer Wirkungskraft scheiden daher hier aus. So vor allem, da das Volk nur als Staat Person wird, die staatlose oder über den Staat hinausreichende Volksgemeinschaft. Ihre soziale Lebenseinheit, die Nationalität, ist freilich so gut für das Recht wie für Sprache und Sitte und alle geistige und materielle Kultur ein machtvoller Wirkungsfaktor und fordert daher auch in der Rechtswissenschaft Beachtung. Allein unter den Rechtssubjekten erscheint sie nicht. Auch die Völkergemeinschaft bringt Recht hervor, ohne daſs sie für das Recht eine subjektive Einheit wäre. Ähnliches gilt von der Religionsgemeinschaft, soweit sie nicht als Kirche Person wird. Es gilt von Ständen, Berufs- und Interessengemeinschaften, politischen und sozialen Parteien, soweit nicht auch sie sich in organisierten Verbänden zusammenfinden. Wo immer aber eine Gemeinschaft sich als ein rechtlich geordnetes Ganze darstellt, da erhebt sich für das Recht auch die Frage, ob und mit welcher Geltung die soziale Lebenseinheit als Verbandsperson anerkannt werden soll.

Und wo immer die Verbandsperson erscheint, da erwächst der Rechtswissenschaft die Aufgabe, die für das äufsere und innere Verbandsleben geltenden Rechtssätze als Ausdruck der leiblich-geistigen Lebenseinheit des gesellschaftlichen Organismus zu begreifen, zu ordnen und zu entfalten.

Ist es denn aber nicht für die Jurisprudenz als solche ziemlich gleichgültig, wie das Problem der juristischen Person gelöst wird? Handelt es sich nicht blofs um einen theoretischen Schulstreit, dessen Austragung für ein rein juristisches Verständnis des Rechts nicht erforderlich und für dessen praktische Ausgestaltung und Handhabung bedeutungslos ist?

Keineswegs! Der gesamte systematische Aufbau des Rechts, die Form und der Gehalt der wichtigsten Rechtsbegriffe und die Entscheidung zahlreicher sehr praktischer Einzelfragen hängen von der Konstruktion der Verbandspersönlichkeit ab. Und daran gerade bewährt sich die organische Auffassung, dafs sie allein im stande ist, hier überall das Angemessene, das unserem Rechtsbewufstsein und unseren Lebensbedürfnissen Entsprechende zu finden. Ich kann heute dies nicht näher ausführen. Nur einige Andeutungen seien mir gestattet.

Ist das Verbandsrecht eine Lebensordnung für soziale Lebewesen, dann mufs der Teil des Verbandsrechts, der das innere Leben der Verbände ordnet, grundsätzlich verschieden von allem Rechte sein, das die äufseren Beziehungen der als Subjekte anerkannten Lebewesen regelt. Das Recht mufs sich entsprechend der Doppelnatur des Menschen, der ein Ganzes für sich und Teil höherer

Ganzen ist, in zwei grofse Zweige spalten, die wir als Individualrecht und Sozialrecht bezeichnen können. Den Typus des Sozialrechts mufs das Staatsrecht und alles sonstige öffentliche Recht, aber auch die dem Privatrecht einverleibte innere Lebensordnung privater Verbandspersonen aufweisen. Im Sozialrecht müssen Begriffe walten, die im Individualrecht keinerlei Vorbild haben. Denn hier kann das, was in Ansehung der Einzelperson schlechthin der Ordnung durch Rechtssätze entzogen ist, der Ordnung durch Rechtssätze unterworfen werden.

Hier kann das Recht, weil und soweit das Innenleben des sozialen Organismus zugleich äufseres Leben von Menschen oder engeren Menschenverbänden ist, den Aufbau des lebendigen Ganzen aus seinen Teilen und die Betätigung seiner Einheit in der Vielheit dieser Teile normativ bestimmen. Der Rechtsbegriff der Verfassung taucht auf. Die Zusammensetzung des gesellschaftlichen Körpers aus ihm zugehörigen Personen wird durch Rechtssätze geordnet. Es ergibt sich der Rechtsbegriff der Mitgliedschaft. Die Mitgliedschaft empfängt als Rechtszustand einen aus Rechten und Pflichten bestehenden Inhalt; der in ihr ausgeschiedene Bereich des Lebens und Wirkens der Gliedperson wird gegen deren frei bleibenden Individualbereich rechtlich abgegrenzt; durch Regelung ihres Erwerbes und Verlustes werden die Vorgänge der Eingliederung und Ausgliederung von Körperteilen zu Rechtsvorgängen erhoben. Durch Rechtssätze wird ferner die Gliederung dieses Körpers geordnet, indem jeder Gliedperson ihre Stelle im Ganzen angewiesen, Überordnung und Unterordnung eingeführt, Einordnung in zusammenhängende Gliedkomplexe verfügt, einem einzelnen Gliede vielleicht die Rechtsstellung des Hauptes zuerkannt wird. Rechtssätze vor allem bestimmen die Organisation, vermöge deren diese zum Ganzen verbundenen Elemente eine Einheit bilden. Indem das Recht anordnet, dafs und unter welchen Voraussetzungen in den Lebensäufserungen bestimmter Glieder oder Gliederkomplexe die Lebenseinheit des Ganzen zur rechtlichen Erscheinung kommt, stempelt es den Begriff des Organes zum Rechtsbegriff. Eine unübersehbare Fülle bei den verschiedenen Verbänden höchst ungleichartiger und oft sehr verwickelter Normen dient dazu, Zahl und Art der Organe festzusetzen, jedem von ihnen einen abgegrenzten Wirkungsbereich als Kompetenz oder Zuständigkeit zuzuteilen, das Verhältnis der Organe untereinander zu ordnen, ihr Zusammenwirken, die Leitung der niederen Organe durch höhere Organe bis aufwärts zu einem höchsten Organ und die gegenseitige Kontrolle der Organe zu sichern, die Formen des Verfahrens bei Ausübung der Organfunktionen vorzuschreiben und den Inhalt dieser Funktionen ihrem Zwecke anzupassen. Dazu treten die Rechtssätze über die Bildung der Organe durch die jeweilig zur Organträgerschaft berufenen Einzelpersonen oder Personengesamtheiten, über Erwerb und Verlust dieser Stellung und über das Verhältnis der Organpersönlichkeit zur Individualpersönlichkeit der beteiligten Menschen. Der Rechtsbegriff des Organs ist von spezifischer Art und darf nicht mit dem individualrechtlichen Begriff des Stellvertreters zusammengeworfen werden. Hier handelt es sich nicht um Vertretung einer in sich geschlossenen

Person durch eine andere in sich geschlossene Person. Sondern wie, wenn das Auge sieht oder der Mund spricht oder die Hand greift, der Mensch sieht und spricht und greift, so wird, wenn das Organ innerhalb seiner Zuständigkeit gehörig funktioniert, die Lebenseinheit des Ganzen unmittelbar wirksam. Durch das Organ offenbart sich also die unsichtbare Verbandsperson als wahrnehmende und urteilende, wollende und handelnde Einheit. Die juristische Person unseres Rechts ist kein des gesetzlichen Vertreters bedürftiges unmündiges Wesen, sondern ein selbsttätig in die Aufsenwelt eingreifendes Subjekt. Sie ist geschäftsfähig. Sie ist auch, was von der Fiktionstheorie hartnäckig bestritten wird, mehr und mehr jedoch sich mit zwingender Gewalt im Rechtsleben wieder Geltung verschafft hat, deliktsfähig und für ihr Verschulden verantwortlich. Aber da sie ein rechtlich organisiertes Gemeinwesen ist, so werden hier auch innere geistige Vorgänge, insoweit sie für die Organpersonen äufsere Vorgänge sind, durch Rechtssätze geregelt. Hier beschäftigt sich das Recht mit dem Willensvorgange in allen seinen Stadien, von der ersten Anregung an, mit dem Widerstreit der Antriebe und der Abwägung der Beweggründe, mit dem Zustandekommen des endgültigen Entschlusses und mit dessen Umsetzung in Tat. Was es an Rechtssätzen gibt über Beratung, Abstimmung und Beschlufsfassung, über die Einigung gemeinschaftlich berufener Organe, über Kundmachung und Ausführung von Beschlüssen, das hat wiederum kein Vorbild im Individualrecht. Hier versagt der Begriff des Vertrages, bei dem sich gesonderte Subjekte über einen gemeinschaftlichen

Willensinhalt einigen, den sie als bindende Richtschnur ihres Verhaltens setzen. Alle Vereinbarung ist hier nur Bildung eines einheitlichen Gemeinwillens aus den dazu berufenen Teilwillen, alle Entscheidung von Meinungskämpfen nur Durchsetzung der Willenseinheit des Ganzen. Jeder ungelöste Widerstreit der Organe bedroht den sozialen Organismus selbst mit Lähmung, Erschütterung oder gar Auflösung; überwindet er eine derartige Krise durch den Sieg der Macht über das bestehende Recht, so bewährt sich gerade hierin seine reale Einheit, die das Recht nicht geschaffen, sondern nur geordnet hatte.

In der Eigenart des Sozialrechts liegt es ferner begründet, dafs es die Beziehungen zwischen einem einheitlichen Ganzen und dessen Teilen zu Rechtsbeziehungen auszugestalten vermag. Ein Rechtsverhältnis zwischen dem einzelnen Menschen und seinen Gliedern oder Organen ist undenkbar. Dagegen gibt es Rechte der Verbandspersonen an ihren Glied- und Organpersonen, die in der Staatsgewalt als dem höchsten Rechte auf Erden gipfeln und mannigfach abgestuft in jeder Verbandsgewalt bis hinab zur privaten Vereinsgewalt enthalten sind. Es gibt aber auch Rechte der Glied- und Organpersonen an ihren Verbandspersonen, Rechte auf Anteil an Einrichtungen und Gütern des Verbandes, Rechte auf Mitbildung des Gemeinwillens, wie die Stimmrechte, Rechte auf eine besondere Glied- oder Organstellung bis hinauf zu dem angeborenen Herrscherrecht des Monarchen. Alle derartigen Rechtsverhältnisse haben eine völlig andere Struktur als die Rechtsverhältnisse des Individualrechts, die zwischen denselben Subjekten als Trägern freier Sonderbereiche bestehen können und bei denen auch der Staat und der einzelne Bürger einander wie beliebige Privatleute gegenübertreten. Werden aber Individualrechtsverhältnisse in den körperschaftlichen Zusammenhang verwoben, so erfahren sie eine sozialrechtliche Umbildung, aus der eigenartige Formen des Eigentums, der dinglichen Rechte, der Schuldverhältnisse u. s. w. hervorgehen. Auch Geburt und Tod der gesellschaftlichen Lebewesen sind für das Recht zugleich Rechtsvorgänge, die wiederum mit individualrechtlichen Begriffen nicht konstruiert werden können und daher eine neue Welt sozialrechtlicher Begriffe auslösen. So ist die freie Willenstat, die eine Verbandsperson ins Leben ruft, kein Vertrag, sondern ein schöpferischer Gesamtakt. Dies gilt für die Gründung des Norddeutschen Bundes und des Deutschen Reichs und gilt nicht minder für jede Vereinsgründung. So wird die Auflösung eines gesellschaftlichen Körpers, die Zersetzung seines Rückstandes und das Schicksal seiner Hinterlassenschaft durch Rechtssätze spezifischer Natur geregelt. So ergeben sich auch aus der Teilung oder Verschmelzung sozialer Organismen besondere Reihen von Rechtsbegriffen.

Ein reiches System sozialrechtlicher Normen endlich befafst sich mit der Eingliederung niederer gesellschaftlicher Organismen in höhere und aller zuletzt in das souveräne Gemeinwesen. Dafs die Verbände zugleich selbständige Ganze mit eigner Lebenseinheit und Glieder oder Organe umfassenderer Ganzen sein können, haben sie mit den einzelnen Menschen gemein. Allein eine neue juristische Begriffswelt eröffnet sich vor allem dadurch, dafs auch das innere Leben solcher Glied- oder Organpersonen einer rechtlichen Einwirkung des Gesamtorganismus zugänglich ist.

Unendlich mannigfach sind die Arten der rechtlich geordneten sozialen Organismen, die unsere Kulturentwicklung in einem Prozefs fortschreitender Differenziierung und Integrierung hervorgebracht hat. Grofse und kleine, überaus entwickelte und sehr einfache, machtvolle und abhängige, uralte und ephemere, fest mit dem Boden verwachsene und auf ein Vermögen gegründete, allseitigem Gemeinzweck gewidmete und auf einzelne ideale oder wirtschaftliche Zwecke gerichtete Gebilde befinden sich darunter. Es versteht sich von selbst, dafs für sie nicht grundsätzlich gleiches, sondern grundsätzlich ungleiches Recht gilt. Der durch seine souveräne Machtvollkommenheit über alle erhöhte Staat nimmt für sich selbst ein Recht höheren Ranges in Anspruch und läfst nur solche Gemeinschaften, die er als öffentliche Einrichtungen wertet, in gewissem Umfange an den Vorzügen des öffentlichen Rechtes teil nehmen. Die Kirche mit ihrem idealen Beruf fordert ihr eigenes Recht. Für die örtlichen Gemeinwesen gilt eine besondere Ordnung. Jedem Typus der öffentlichen Körperschaft gehören eigentümliche Normenkomplexe an. Das private Vereinsrecht spaltet sich nach der Verschiedenheit der Vereinszwecke und weiter nach mancherlei Varietäten der Vereinsform. Und zuletzt setzt sich innerhalb der Gattung jedes einzelne soziale Lebewesen ein seiner konkreten Individualität entsprechendes Sonderrecht. Ja, die grofsen Gesamtpersonen, deren Verfassungsbildung einen Hauptinhalt der Weltgeschichte bildet, haben ihre

Lebensordnungen eine jede so eigenartig gestaltet und umgestaltet, dafs in jedem konkreten Staatsrecht oder Kirchenrecht ein System besonderer Rechtsgedanken wohnt. Bei solchen Ungleichheiten könnte manchem die Vergleichung überhaupt als unzulässig erscheinen. Allein auch bei den natürlichen Lebewesen schliefst die unendliche Mannigfaltigkeit und Rangverschiedenheit der Arten nicht die wissenschaftliche Erkenntnis aus, dafs ihrer Struktur ein gemeinsames Prinzip zu Grunde liegt. So meinen wir auch bei der rechtswissenschaftlichen Betrachtung der gesellschaftlichen Lebewesen ein gemeinsames Grundprinzip der juristischen Struktur zu erkennen, das sich durch alles Sozialrecht zieht.

Nach diesem allen scheint mir gewifs zu sein, dafs die organische Auffassung der Verbände sich in der Rechtswissenschaft bewährt. Die Rechtswissenschaft hat es mit den sozialen Lebenseinheiten nur insoweit zu tun, als sie sich im Recht auswirken, und mufs daher notwendig einseitig verfahren. Denn das Rechtsleben ist nur eine und keineswegs die wichtigste Seite des Gemeinlebens. Die Rechtswissenschaft mufs sich dieser Einseitigkeit bewufst bleiben. Sie mufs daher auch stets sich daran erinnern, dafs die lebendigen Kräfte der gesellschaftlichen Organismen sich jenseits des Rechts in allen Macht- und Kulturbewegungen äufsern und ihre gewaltigsten Wirkungen unabhängig vom Recht, ja gegen das Recht vollbringen. Sie mufs es aber anderen Wissenschaften überlassen, hier überall die Zusammenhänge aufzudecken und den wirkenden Einheiten nachzuspüren. Nur wird sie immerhin, wie sie von anderen Wissensgebieten her bestätigenden

Aufschluſs über die Wirklichkeit der Gemeinschaft empfängt, den Anspruch erheben können, daſs ihre Erkenntnis der rechtlichen Entfaltung dieser Wirklichkeit bei jeder auf den Kern gerichteten Untersuchung sonstiger sozialer Tatbestände Beachtung finde.

Eines aber mag auch dem Juristen verstattet sein: der Hinweis auf die ethische Bedeutung, die dem Gedanken der realen Einheit der Gemeinschaft zukommt. Nur aus diesem Gedanken entspringt die Vorstellung, daſs die Gemeinschaft etwas an sich Wertvolles ist. Und nur aus dem höheren Werte des Ganzen gegenüber dem Teil läſst sich die sittliche Pflicht des Menschen begründen, für das Ganze zu leben und, wenn es sein muſs, zu sterben. Ist das Volk in Wirklichkeit nur die Summe der jeweiligen einzelnen Volksgenossen und der Staat nur eine Einrichtung zum Wohle der geborenen und noch ungeborenen Individuen, dann mag der Einzelne gezwungen werden, Kraft und Leben für sie einzusetzen. Allein eine sittliche Verpflichtung hierzu kann ihm nicht auferlegt werden. Dann verblaſst der Schimmer einer hohen sittlichen Idee, der zu allen Zeiten den Tod für das Vaterland verklärt hat. Denn warum soll der Einzelne sein Selbst für das Wohlergehen vieler anderer Einzelner opfern, die doch nichts anderes sind als er selbst? Für das sittliche Verhalten von Individuum zu Individuum gilt das Gebot: Liebe deinen Nächsten wie dich selbst! Auf dieses Gebot allein wollen extreme Individualisten idealer Gesinnung, wie Tolstoi, das Leben der menschlichen Gesellschaft gründen, — und siehe da! sie zertrümmern den Staat und predigen den Anarchismus. Die religiöse Ergänzung des Gebotes der Nächstenliebe liegt in dem Gebot, Gott über alles zu lieben. Sie erst baut das Reich Gottes auf, das nicht von dieser Welt ist. Auch für die irdische Gemeinschaft aber heifst es hier: Liebe das Ganze mehr als dich selbst! Und dies hat nur dann einen Sinn, wenn das Ganze ein höheres und wertvolleres als die Summe der Individuen ist, wenn das Gemeinwesen mehr als ein Mittel für die Zwecke der einzelnen bedeutet und wenn nicht für leere Namen lebt und stirbt, wer für die Ehre und das Wohl, für die Freiheit und das Recht seines Volkes und Staates wirkt und kämpft.

Auch Sie, meine lieben Kommilitonen, mögen sich mit dem Gefühl durchdringen, dafs Sie lebendige Glieder lebendiger Ganzen sind. Sie gehören als akademische Bürger einer grofsen Gemeinschaft an, die Lehrer und Lernende zur universitas zusammenschliefst. Sie erfahren in Ihren Verbindungen die Kraft eines engen Gemeinschaftsbundes. Sie bereiten sich vor, als tätige Mitträger des Gemeinlebens in die Welt hinauszutreten und meist in besonderer Berufsstellung dem Staate oder der Kirche zu dienen. Vergessen Sie nie, was Sie Ihrem innersten Selbst schulden, das in der Einzigkeit der individuellen Persönlichkeit beschlossen ist und das auch den höchsten irdischen Mächten gegenüber männlich zu behaupten das Gewissen befiehlt. Suchen Sie stets nach Kräften das Gebot der Nächstenliebe zu befolgen. Aber erfüllen Sie sich auch jetzt und immer mit echtem Gemeinschaftsgeist. Wecken und pflegen Sie in sich das Bewufstsein, dafs in Ihrem Leben sich zugleich ein Stück des Lebens höherer Ordnung abspielt, dessen mächtig über dem kurzen Einzeldasein dahinflutendem Strome die Menschheit ihre Geschichte und ihre Würde verdankt. Erkennen Sie, was Sie als Teile von Ganzen dem Ganzen schulden, und geben Sie freudig der Gemeinschaft, was der Gemeinschaft gebührt!

Pierer'sche Hofbuchdruckerei Stephan Geibel & Co. in Altenburg.

MIX
Papier aus verantwortungsvollen Quellen
Paper from responsible sources
FSC® C105338

Printed by Libri Plureos GmbH
in Hamburg, Germany